Concertos faciles

pour Violon et Piano

EASY CONCERTOS and CONCERTINOS
for VIOLIN and PIANO

No.				
1	Portnoff Op. 13 — I	Position	E Minor
2	Portnoff Op. 14 — I — III Position	A Minor
3	Rieding Op. 21 — I — III Position	A Minor
4	Rieding Op. 24 — I — III & V Position	G Major
5	Rieding Op. 25 — I — III & V Position	D Major
6	Rieding Op. 34 — I	Position	G Major
7	Rieding Op. 35 — I	Position	B Minor
8	Rieding Op. 36 — I	Position	D Major
9	Kuchler Op. 11 — I	Position	G Major
10	Kuchler Op. 12 — I — III Position	D Major
11	Venzl Op. 112 — I — VII Position	A Minor
12	Sitt Op. 70 — I — V Position	A Minor
13	Beer Op. 47 — I	Position	E Minor
14	Essek Op. 4 — I	Position	G Major
15	Voldan Op. 18 — I — All Position	F Major
16	Drdla Op. 225 — I — V Position	A Minor
17	Rieding Op. 7 — I — VII Position	E Minor
18	Beer Op. 81 — I	Position	D Minor
19	Coerne Op. 63 — I — III Position	D Major
20	Mokry — I	Position	G Major
21	Kuchler Op. 15 — I — III Position	D Major

BOSWORTH & Co.

CONCERTINO
In Hungarian Style.
(1st & 3rd Position.)

O. RIEDING, Op.21.

Copyright 1905 by Bosworth & Co.

Violin.

CONCERTINO

In Hungarian Style.

(1st & 3rd Position.)

O. RIEDING, Op. 21.

CONCERTINO

In Hungarian Style.

(1st & 3rd Position.)

O. RIEDING, Op.21.

Copyright 1905 by Bosworth & Co.

6

Allegro moderato